새번역/개역 주기도문

목차

1. 하늘에 계신 우리 아버지 / 하늘에 계신 우리 아버지여 · 2
2. 아버지의 이름을 거룩하게 하시며 / 이름이 거룩히 여김을 · 4
3. 아버지의 뜻이 하늘에서와 같이 / 뜻이 하늘에서 이루어진 것같이 · 6
4. 오늘 우리에게 일용할 양식을 주시고 / 오늘 우리에게 일용할 양식을 주시옵고 · 8
5. 우리가 우리에게 잘못한 사람을 / 우리가 우리에게 죄 지은 자를 · 10
6. 우리를 시험에 빠지지 않게 하시고 / 우리를 시험에 들게 하지 마시옵고 · 12
7. 나라와 권능과 영광이 영원히 / 나라와 권세와 영광이 아버지께 · 14
8. 저자약력 · 16

🟩 주기도문을 읽고 따라서 쓰고, 외워보세요

새번역 | **개역**

하늘에 계신 우리 아버지, | 하늘에 계신 우리 아버지여,

Our Father, in heaven,

🟩 한글이나 영어로 직접 써 보고 색칠해 보세요.

🟩 주기도문을 읽고 따라서 쓰고, 외워보세요

새번역

아버지의 이름을 거룩하게 하시며 아버지의 나라가 오게 하시며,

개역

이름이 거룩히 여김을 받으시오며, 나라가 임하시오며,

hallowed be Your name, Your kingdom come,

🟩 한글이나 영어로 직접 써 보고 색칠해 보세요.

🟩 주기도문을 읽고 따라서 쓰고, 외워보세요

새번역

아버지의 뜻이 하늘에서와 같이 땅에서도 이루어 지게 하소서.

개역

뜻이 하늘에서 이루어진 것같이 땅에서도 이루어지이다.

Your will be done on earth, as it is in heaven.

🟩 한글이나 영어로 직접 써 보고 색칠해 보세요.

🟩 주기도문을 읽고 따라서 쓰고, 외워보세요

새번역

오늘 우리에게 일용할 양식을 주시고,

개역

오늘 우리에게 일용할 양식을 주시옵고,

Give us today our daily bread.

🟩 한글이나 영어로 직접 써 보고 색칠해 보세요.

🟩 주기도문을 읽고 따라서 쓰고, 외워보세요

새번역

우리가 우리에게 잘못한 사람을 용서하여 준 것 같이, 우리 죄를 용서하여 주시고,

Forgive us our debts, as we also have forgiven our debtors.

개역

우리가 우리에게 죄 지은 자를 사하여 준 것같이 우리죄를 사하여 주시옵고,

🟩 한글이나 영어로 직접 써 보고 색칠해 보세요.

🟩 주기도문을 읽고 따라서 쓰고, 외워보세요

새번역

우리를 시험에 빠지지 않게 하시고, 악에서 구하소서.

개역

우리를 시험에 들게 하지 마시옵고, 다만 악에서 구하시옵소서.

And lead us not into temptation, but deliver us from the evil one.

🟩 한글이나 영어로 직접 써 보고 색칠해 보세요.

🟩 주기도문을 읽고 따라서 쓰고, 외워보세요

새번역

나라와 권능과 영광이 영원히 아버지의 것입니다. 아멘.

For Yours is the kingdom and the power, and the glory, forever. A-men.

개역

나라와 권세와 영광이 아버지께 영원히 있사옵나이다. 아멘.

🟩 한글이나 영어로 직접 써 보고 색칠해 보세요.

이 우 정 작가

약력

서울에서 태어났으며 오랫동안 어린이책, 시사잡지, 신앙도서 등 여러 지면에 그림을 그려왔습니다. 사랑하는 어린이들에게 예수님을 전하는 꿈을 안고 지금도 아름다운 신앙그림을 그리고자 노력하고 있습니다.
주요 작품으로는 '우리가 알아야 할 우리 이야기 100가지', '참 부자로 만든은 돈이야기', '아기하마를 찾아라', '삼국지 고사성어', '우리아이 첫 색칠성경' 등과 창작그림 묵상집 '나는 하나님의 소중한 작품이에요'가 있습니다. 현재 양수리에서 시도쓰며 작품생활하고 있습니다.

믿음쑥쑥 지혜쏙쏙 듣고 따라쓰며 색칠하는 그림성경

새번역/개역 주기도문   별책 1

초판 3쇄 　인　　쇄 · 2019년 12월 16일
　　　　　발　　행 · 2019년 12월 20일

　그　　림 · 이우정
　발 행 인 · 민태근
　발 행 처 · 도서출판 일오삼
　주　　소 · 131-820 서울특별시 중랑구 동일로 107길 12
　전　　화 · (02)964-6993 / Fax (02) 2208-0153
　등　　록 · 제 5-485호
　홈　　피 · http://www.153books.co.kr
　메　　일 · 153books@hanmail.net

ISBN 978-89-89236-25-2
ISBN 978-89-89236-65-8(셋트)

※ 이 책에 인용된 영어는 NIV를 사용하였습니다. 이책의 저작권은 저자가 소유하고 있습니다. 저자와 출판사의 사전 승인없이 책의 내용이나 그림등을 복제, 사용할 수 없습니다.
※ 파본은 교환해 드립니다.